Bestell-Nr. 5132

© 2016 by Reinhard Kawohl 46485 Wesel

Titelbilder: Doro Zachmann
Texte und Bilder: Doro Zachmann
Zusammenstellung: Doro Zachmann
Gestaltung: RKW

Textrechte S. 35: aus Doro Zachmann „Winterglück und Weihnachtsfreude"
© 2013 SCM-Verlag GmbH & Co. KG, Witten

Druck und Bindung: Drukarnia Dimograf, Bielsko-Biala, Polen

ISBN: 978-3-86338-132-5

kawohl

Die Jahreszeiten der Seele

Ein Poesie-Potpourri von Doro Zachmann

Seelen-Jahreszeiten

Meine Seele schlägt in ihrem Sommer Purzelbäume,
freut sich an der Leichtigkeit des Lebens.

Meine Seele sucht Halt in dem alles verändernden Herbst,
ist aufgewühlt und verunsichert und hofft doch
auf einen Neubeginn.

Meine Seele erstarrt im kalten Winter der Trostlosigkeit,
harrt aus, bangt und wartet, wartet, wartet ...

Meine Seele sehnt sich dem Frühling entgegen,
der neue Türen aufgehen lässt und das Leben hereinruft.

Ach, meine liebe Seele, lebe!
Ob Frühling, Sommer, Herbst oder Winter,
alles will durchlebt, durchlitten, durchliebt werden.
So lebe, leide, liebe mit mir,
meine Seele.

Alles hat seine Zeit

Ein jegliches hat seine Zeit,
und alles Vorhaben unter dem Himmel hat seine Stunde:

geboren werden hat seine Zeit, sterben hat seine Zeit;
pflanzen hat seine Zeit, ausreißen, was gepflanzt ist, hat seine Zeit;
töten hat seine Zeit, heilen hat seine Zeit;
abbrechen hat seine Zeit, bauen hat seine Zeit;
weinen hat seine Zeit, lachen hat seine Zeit;
klagen hat seine Zeit, tanzen hat seine Zeit;
Steine wegwerfen hat seine Zeit, Steine sammeln hat seine Zeit;
umarmen hat seine Zeit, aufhören zu umarmen hat seine Zeit;
suchen hat seine Zeit, verlieren hat seine Zeit;
behalten hat seine Zeit, wegwerfen hat seine Zeit;
zerreißen hat seine Zeit, zunähen hat seine Zeit;
schweigen hat seine Zeit, reden hat seine Zeit;
lieben hat seine Zeit, hassen hat seine Zeit;
Streit hat seine Zeit, Friede hat seine Zeit.

PREDIGER 3

Vier Söhne und ein Apfelbaum

Ein Mann, der vier Söhne hatte, wollte diese lehren, keine vorschnellen Urteile zu fällen und schickte sie deshalb nacheinander auf eine Reise. Sie alle sollten zu einem bestimmten Apfelbaum wandern, der in weiter Entfernung stand.

Der erste Sohn ging im Winter,
der zweite im Frühling,
der dritte im Sommer und
der jüngste Sohn im Herbst.

Kaum war dieser junge Mann von seiner Reise heimgekehrt, rief der Vater alle seine Söhne zusammen, damit sie berichteten, was sie gesehen hatten.

Der älteste Sohn, der im Winter aufgebrochen war, beschrieb den Baum als hässlich und knorrig, schief und verdreht, ein hoffnungsloser und trüber Anblick sei es gewesen.
Der zweite Sohn sagte, der Baum war voller Knospen und zarter grüner Blätter. Ein Anblick, der ihm Hoffnung und Zuversicht ins Herz gelegt habe.
Der dritte Sohn schüttelte den Kopf und berichtete, der Baum wäre über und übervoll mit weißen wunderschönen Blüten gewesen und hätte einen herrlichen Duft verbreitet. Es wäre das Schönste und Wundervollste gewesen, was er je in seinem Leben gesehen hatte und tiefe Freude hätte sich in seiner Brust breitgemacht bei diesem herrlichen Anblick.

Da widersprach der jüngste Sohn seinen Brüdern und erzählte, der Baum hinge voller reifer gelbroter Früchte und die Äste hätten sich unter dem Gewicht regelrecht zu Boden gebogen. Die Äpfel schmeckten wunderbar süß-säuerlich, frisch und saftig und seien das Beste, was er je gekostet habe.

Da nahm der Vater seine vier Söhne einen nach dem anderen in den Arm, dankte ihnen für ihre Erzählungen und erklärte, dass sie alle Recht hätten. Aber ein jeder von ihnen habe nur eine Jahreszeit gesehen und würde deshalb den Baum nicht in seiner Gänze verstehen können.

„Und so ist es auch bei uns Menschen" erklärte der Vater. „Eine Person ist viel mehr, als das, was wir in einem Moment von ihr sehen und hören. Deshalb hütet euch davor, einen Menschen zu beurteilen, denn ihr kennt nicht seine ganze Fülle, seine Vergangenheit, seine Gegenwart, seine Zukunft. Wie der Apfelbaum machen auch wir Menschen verschiedene Jahreszeiten durch, erleben Sommer, Frühling, Herbst und Winter in unseren Herzen. Und keine davon gäbe es, ohne den Prozess, den wir zuvor durchlaufen haben.
Und noch eines soll euch dies für eurer eigenes Leben lehren, meine geliebten Söhne", fuhr der Vater fort.
„Wenn ihr in einem gefühlten schweren Lebens-Winter aufgebt, dann werdet ihr nicht die Hoffnung und Verheißung eines neuen Frühlings erfahren können, auch nicht die Schönheit und Leichtigkeit des Sommers und ihr werdet den Herbst mit samt seiner Erfüllung verpassen.

Denkt immer daran: Beurteilt euer Leben nicht nach einer einzigen Seelen-Jahreszeit. Genießt das Schöne und Gute, das euch geschenkt wird, haltet es aber nicht für selbstverständlich, denn es werden auch düstere Tage kommen. Gebt die Hoffnung dann aber nicht auf und haltet daran fest, dass das Schwere nicht von Dauer ist und der Frühling wieder Einzug halten wird. Macht euch bewusst, dass jede Jahreszeit ihren Sinn und ihre Berechtigung hat und ihr euer Leben nur im Gesamtbild verstehen könnt."

Sommerzeit

Zeit der Leichtigkeit und Lebendigkeit,
Zeit der Liebe und Dankbarkeit,
Zeit des Lebensflusses und Höhenflugs,
Zeit des Genießens und der Freude,

Seelensommer:
Zeit des Friedens und der Erfüllung,
Zeit der Ausdauer und des Erfolgs,
Zeit der Beständigkeit und Stabilität,
Zeit des Lachens und des Glücks,

Zeit der Muße und des Labsals,
Zeit des Lobes und der Anerkennung,
Zeit des Vergnügens und des Spiels,
Zeit der Vertrautheit und Geborgenheit,

Sommer in der Seele:
Zeit des Einverständnisses und Jasagens,
Zeit der Ruhe und Entspannung,
Zeit der Harmonie und Heiterkeit,
Zeit der Vielfalt und des Reichtums,

Zeit der Gesundheit und Vitalität,
Zeit des Feierns und der Fröhlichkeit,
Zeit der Fülle und der Lust am Leben,
Zeit des Gebens und des Zusammengehörens,
Zeit der Weisheit und Besonnenheit,
Zeit der Stärke und Gewissheit,
Zeit des Wohlbefindens und der Zufriedenheit.

Sommer-Sinfonie

Ich lege mich auf die Wiese der Gelassenheit,
schaue in den Himmel der Zuversicht,
beobachte das Wolkenspiel Leichtigkeit,
staune über den Regenbogen Hoffnung.

Die Füße baumelnd im Fluss der Dankbarkeit,
kaue ich auf einem Blümchen Glückseligkeit,
berausche mich am Farbenspiel im Blumenmeer,
singe mit den Vögeln ein Liebeslied.

Ich umarme den Baum der Standhaftigkeit,
freue mich am ansteckenden Kinderlachen,
tanze mit den Schmetterlingen Lebendigkeit,
lasse mich vom Liebes-Duft der Rosen verwöhnen.

Jede süße Beere schmeckt nach Vergebung,
meine Seele füllt sich mit Freude voll,
Meine Gedanken lasse ich mit dem Wind ziehen
und strecke mich sehnsüchtig nach dem Leben aus.

Die Wärme der Sonnenstrahlen
deckt mich zu.
Ich schließe die müden Augen,
bin hellwach sehend
ganz bei mir
und Gott ganz nah.

Sommer-Szene in S-pur

Speiseschrank satt sortiert:
saisonale Spargelsuppe schlemmen,
schmackhaftes Spaghetti-Soufflé spachteln,
saftigen Schinkenspeck schmausen,
saures Sellerie-Schnitzel schnabulieren,
scharfen Schlehenschnaps schlürfen,
sahnige Süßspeise schlecken.
Schmeckt sensationell!
Sagenumwobenes Schlaraffenland scheint sichtbar.

Sommer satt:
Städte sind scharmant,
Straßen sind sympathisch:
schwindeliges Salsa-Schwofen,
Schwanensee synchron schunkeln,
Sopranstimme singt Stakkato-Sonate,
Schnulzensänger summt
schmalziges Ständchen,
Schlagerstar stolpert
schwungvollen Stepptanz,
Saxophonist spielt sachkundig Solo.

Saunaliche Schönwetter-Saison:
Sommersprossen sprießen,
Sandstrand-Siesta (sobald sehnsüchtiger Schulschluss sichtbar),
schrittweises Schlosspark-Spazierenschlendern,
sehenswerte Schmetterlinge sind Stammgäste. Staunenswert!
See schaukelt sanft Segelboote.
Stinkfaul Sofa sitzen, sinnlich schwitzen, sorgenlos schlummern.

Stopp sei:
scheußlichem Staubsauger,
spröder Steuererklärung,
saublöder Schlankheitssucht.
Stopp sei schlimmem Schüttelfrost,
sinnloser Schufterei,
sargsüchtigem Sensenmann.
Stopp sei schadhafter Streitigkeit,
schrecklicher Sündenbocksuche,
seufzender Schwarzseherei.
Schwachsinn! Schmarrn!
Sehr schwierig!

Stattdessen:
Spontan spritziges Smilie-Spass-Szenario. Sich sonnen, sich streicheln, sich schätzen. Scherzen! Schmunzeln! Sehnlichst schmusen!

Stilvoller Sichkleiden-Schnappschuss:
Saloppes scharlachrotes
Schlabber-Shirt,
sexy smaragdgrüne Samt-Shorts,
schlanke Schnür-Sandalen,
schlohweißer Strohhut. Schnuppe!

Sommer ...
Sonnenscheinstrahlen serienweise.
Schwereloser Stress-Stillstand.
Schönes schilliges
Schatten-Sabbat-Schläfchen.

Seele spüren!
Störfreie Stille suchen, schuldenlos schweben, sinnerfüllt strahlen!
Sonnenseite sehen! Schätze sammeln.

Spiritualität sehnen:
Stoßgebet seufzen,
sich Schöpfer-Schoß schmiegen.
Sinnvollste Seelsorge, sattelfestes Sein:
Segenspendender schützender Schirmherr,
souveräne Schicksals-Schaltzentrale,
sanftmütiger Schafhirte
schenkt seinen siegenden Sohn.
Spezialität: Sündenerlass.
Sorgenfreies Seufzen.
Schalom!

Herbst-Zeit

Zeit der Veränderung und Bedrohung,
Zeit der Unsicherheit und Anspannung,
Zeit der Probleme und des Streits,
Zeit der sich schließenden Türen
und des Zuendegehens.

Seelenherbst:
Zeit der Bangigkeit und Bedenken,
Zeit der Hindernisse und Sackgassen,
Zeit des Ringens und der Kompromisse,
Zeit des Aufbegehrens und Rebellierens,

Zeit des Alterns und der Erschöpfung,
Zeit des Sinnsuchens und Hinterfragens,
Zeit der Enttäuschung und Erschütterung,
Zeit des Durcheinanders und der Gegensätze.

Herbst in der Seele:
Zeit der Kränkung und Kritik,
Zeit der Trennung und Verletzung,
Zeit des Hungers und der Wehmut,
Zeit der Überraschungen und Lückenhaftigkeit,

Zeit der Selbstüberschätzung und des Angewiesenseins,
Zeit des Suchens und der Einsicht,
Zeit der Reife und des Früchteerntens,
Zeit des Loslassenmüssens und Festhaltenwollens.

Herbst-Hymne

Es herbstet in meiner Seele: Stürme toben in mir,
Winde rütteln mich durch, tagelanges Weinen nimmt mir jede Kraft.
Wie die Blätter am Baum sich verfärben,
hat auch mein Leben sich verändert. Nichts ist mehr, wie es war.
Vom Wind getragen dreht das Blatt eine letzte verzweifelte
Pirouette bevor es auf dem Boden landet
und dort darauf wartet, zu verwesen.

Auch ich muss loslassen
alles Vergangene, Vertraute, Gewesene ziehen lassen.

Ich will es aber festhalten und spüre doch,
wie meine Hand ins Leere greift,
wie ich nichts mehr im Griff habe, alles entgleitet mir.

Der Abschied schmerzt so sehr,
wehmütig weint mein Herz dem einstigen Glück hinterher.
Was soll nun werden? Wie kann ich das aushalten?
Einem unendlich langen Tunnel gleich ist da kein Licht,
kein Ende in Sicht und schon gar kein Anfang,
dem ich vertrauen könnte.

Oder doch? Einer leisen Ahnung gleich
fühle ich diesen kleinen Funken Hoffnung,
an den ich mich festklammere,
eine winzige zitternde Flamme,
die in meinem Herzen glüht.
Mein Gott, hilf mir, sie am Leben zu halten.
Mein Gott, hilf mir zurück ins Leben.

Herbst-Herzstück in H-pur

Honiggelber Hafer
hüfthoch herangewachsen,
hauchdünner Herbstnebel
hockt heimlich Hügel.
Hurrikan heult heftig – hui, Heidenlärm!
Hundekalter Hagel heute horizontal
Hütte hereinregnet, heikel, heikel!
Heuhüpfer hopsen hektisch
Hang hinauf,
hennarotes Herbstlaub herumwirbelt.
Helles Halbmond-Himmelszelt-
Happening.

Huch! Heiserer Hahnenschrei:
Hemdsärmel hochkrempeln:
Hundert Hektar Hof.
Hammer! Heidenarbeit:
Hartholz hacken,
Hibiskus-Hecke hegen,
Hopfen hochziehen, Huftiere
hügelab hetzen, hopphopp!
Herde Hasen häuten, handverlesenen
Hausmacher-Holundersaft herstellen,
herkömmlich Heu holen Huckepack.

Hauruck: Haufen hilfswillige Hände
helfen heldenhaft handwerklich,
heroische Hornhaut-Härteprüfung!

Hinreichende Hindernisse:
Hysterischer Hustenreiz,
höllischer Hexenschuss,
hartnäckiger Heuschnupfen,
halbseitige Heiserkeit,
heftiges Halsweh.
Herrje! Heilung herbeigesehnt!
Hol hastig Hausarzt!
Halstuch, Heftpflaster, Hustensaft,
Heizkissen helfen hoffentlich.

Höhepunkt: Heimkommen!
Heute herinnen Heidenspass, haha:
Heizung höher hochfahren,
harmonische h-moll
Heimorgel-Hausmusik,
hautnahe Heiabett-Halbdunkel-
Heimeligkeit,
humorvoll herumalbern,
heißumkämpfte Hängematte,

herumgammeln, hingegen
hochwertigen Hometrainer
herausfordern,
Hinterteil hinhocken, Hitparade hören,
halbfertige Handarbeit häkeln,
Heimkino Hollywood-Heimatfilm
hinsehen.

Hunger?
Heißgeliebte hochgeschätzte
Hobbyköchin herzaubert
halbgare Hamburger-Häppchen,
herzhaften Hackbraten,
honigsüßes Himbeertee-Heißgetränk.
Herzenslust hemmungslos
hineinstopfen.
Hochgenuss!

Hinweis Herzens-Happyend:
Himmelskönig Herrgott
heiliges Halleluja huldigen.
Hauptziel: Hinwendung Himmelssohn,
Herkunft herstellen, Hotline halten,
Hoffnung haben,
Herzenstrost herbeiholen,
Herz hingeben.
Herrlich!
Hurra! Handkuss hauchen.

Winter-Zeit

Zeit des Stillstands und des Wartens,
Zeit des Ausharrens und der Lähmung,
Zeit der Hoffnungslosigkeit und Angst,
Zeit der Trauer und Wut.

Seelenwinter:
Zeit des Schmerzes und der Verzweiflung,
Zeit der Krankheit und des Sterbens,
Zeit der Einsamkeit und inneren Leere,
Zeit der Zerrissenheit und Krise,

Zeit des Davonlaufenwollens
und Hierbleibenmüssens,
Zeit der Prüfung und Qual,
Zeit der Anklage und Schuldgefühle,
Zeit des Erstarrens und der Dumpfheit.

Winter in der Seele:
Zeit des Sichingedulübens und Angewiesenseins,
Zeit der Ohnmacht und Schwermut,
Zeit des Zerbruchs und der Ausweglosigkeit,
Zeit der Lügen und Entfremdung,

Zeit der Depression und des sichtbaren Makels,
Zeit des Vergessenseins und Ausgestoßenfühlens,
Zeit des Nehmens und der Zerbrechlichkeit,
Zeit des Vertrauenübens und des Sichtragenlassens.

Winter-Weise

Die Kälte hält mein Herz mit fester Faust umschlossen,
alles in mir ist erstarrt.
Stille, wo vorher lautes, quirrliges Leben war.
Stillstand, wo vorher alles in Bewegung war.

Gott, wo bist du? Wie lange soll ich das noch ertragen?
Ich habe keine Kraft mehr, keinen Mut, keine Hoffnung.

Dieses ewige Warten!
Warten darauf, dass etwas geschieht,
dass der Schmerz endlich aufhört,
die Trauer endlich weicht,
dass mein Herz wieder anfängt zu schlagen.

Ich fühle mich so tot, so verloren und allein.
Man sagt, je kälter der Frost war,
desto mehr treibt er kräftige Farben in die Blätter.
Ob ich je wieder leuchten werde?
Man sagt, während des Winters
arbeitet die Natur im Verborgenen.
Ob du, mein Gott, derzeit an mir am Werk bist?

Ob du mir je wieder Leben und – kaum zu hoffen –
Fröhlichkeit schenken wirst, Herr?
Ich warte auf dich.
Noch immer und schon so lang.
Und halte an deinem Versprechen fest:
Auch, wenn ich es derzeit nicht spüre:
Du lässt mich nicht allein.

Auf dünnem Eis

Beim Gedanken daran, ihm in wenigen Minuten gegenüber zu stehen, wird ihr ganz flau im Magen. Sie hat solche Angst vor dieser Begegnung und doch fiebert sie nun seit Wochen darauf zu. Diese große Last der Schuld, die sie auf sich geladen hat, erdrückt sie fast und macht ihr das Atmen schwer. Sie hat ihn zutiefst verletzt und gekränkt. Ausgerechnet dem Menschen, den sie doch so sehr liebt, hat sie schweres Leid zugefügt und weiß, dass er daran fast zerbrochen ist. Ausgerechnet den Menschen, den sie so sehr liebt, hat sie mehr verletzt als je einen anderen.

Was ist nur in sie gefahren? Wie konnte sie es so weit kommen lassen? Wie kann sie nur so grausam und gemein sein? Wochenlang nun haben sie sich nicht gesehen, gleich aber wird sie vor ihm stehen. Der Gedanke macht ihre Knie weich. Was soll sie ihm bloß sagen? Wie soll sie ihm nur in die Augen sehen? Wie soll sie seine berechtigte Wut aushalten? Sie spürt, wie das innere Beben, das sie schon seit einigen Tagen in sich fühlt, zu einem zunehmend sichtbaren Zittern wird. Alles bebt in ihr, sie friert und schwitzt gleichermaßen beim Gedanken an die bevorstehende Begegnung.

Oh, wie gern würde sie jetzt fliehen! Einfach weglaufen. Weit weg, an einen Ort, wo sie keiner kennt, wo keiner ihre Geschichte kennt, wo sie sie vielleicht selbst vergessen könnte. Aber sie weiß, dass es diesen Ort nirgends gibt, schon allein deshalb, weil sie sich selbst dorthin mitnehmen würde.

Nein! Es ist soweit! Es ist höchste Zeit, dass sie sich ihrer Schuld stellt, sie nun auch von Angesicht zu Angesicht vor dem Menschen ausspricht, der ihre ganze Breitseite abbekommen hat, den größten Schmerz dadurch erleiden musste. Sie hat das Gefühl, sich auf einem großen See zu befinden, der zugefroren ist. Sie steuert gerade auf die Mitte zu, von der sie nicht weiß, ob das Eis dort auch noch fest und stark genug ist, sie zu tragen. Ihr Ziel ist das andere Ufer, das kann sie jedoch nur erreichen, wenn sie nun immer geradeaus geht. Und sie muss nun das Risiko in Kauf nehmen, ins Eis einzubrechen und unterzugehen. Aber es ist die einzige Möglichkeit, ihre Schuld zu bekennen. Jedes längere Außenherumschleichen wäre nicht nur nicht mehr okay, sie kann es auch selbst nicht mehr ertragen. Sie muss es nun aussprechen, muss diesen Schritt tun, es ist ihr eine innere Notwendigkeit. Es bleibt ihr nur zu hoffen und darauf zu vertrauen, dass das Eis trägt. Ihr Herz ist wie zugefroren, Winterzeit in ihrer Seele. Nur die Hoffnung, dass es vielleicht eine kleine Chance auf einen neuen Frühling gibt, lässt sie genügend Kraft zusammensammeln, um diesen Schritt nun zu gehen.

Da ist er. Schon von Weitem kann sie seine ihr so vertraute Gestalt in der Menge entdecken. Bevor er auch sie sieht, huscht sie hinter einen Betonpfeiler und betrachtet ihn neugierig. Wie dünn er geworden ist, ist ihr erster erschreckter Gedanke! Und als er einen Blick in ihre Richtung wirft, kann sie auch sein schmerzvolles Gesicht sehen, seine Augen, die ihr verraten, wie sehr er gelitten haben muss in den letzten Wochen. Eine Welle von Mitgefühl reißt sie fast von den Beinen. Am Liebsten würde sie sich am Boden zusammenkauern und einfach nur weinen. Sie kann schon von Weitem sehen, was sie ihm angetan hat. Wie soll sie das nur aus der Nähe ertragen? Aber sie zwingt sich, den Schutz des Pfeilers zu verlassen und ihre Schritte in seine Richtung zu lenken. Sie setzt einen Fuß vor den anderen, zitternd, innerlich bebend, voller Angst und die Augen starr auf ihn gerichtet. Nun hat er auch sie entdeckt und sein suchender Blick weicht einer Mischung aus Erleichterung und wilder Entschlossenheit.

Sie bleibt stehen, sie sehen sich an. Bruchteile von Sekunden, die sich wie eine zähe Ewigkeit anfühlen. Gedanken und Gefühle in ihr purzeln wild durcheinander. Dann ist es vorbei mit ihrer Selbstbeherrschung und sie hält die

Tränen nicht länger zurück. Verzweifelt versucht sie, den Ausdruck in seinem Gesicht zu deuten: Wut? Unsicherheit? Ablehnung? Nichts davon trifft den Kern. Sie macht die letzten Schritte auf ihn zu. Als sie voreinander stehen und sich schweigend ansehen, erkennt sie eine neue Regung in seinem Gesicht: Kampf! Ja, er kämpft mit sich, ringt mit seinen eigenen Gefühlen.

Sie kann nicht fassen, was dann passiert. Anstatt sie anzubrüllen, sie zu packen und zu schütteln oder sich wenigstens angewidert von ihr abzuwenden, greift er mit der Hand nach ihrem Mantel, zieht sie zu sich, legt seine Arme um sie und seufzt liebevoll ihren Namen. Sie schmiegt sich an ihn und kann nur noch weinen. Krallt sich an ihm fest, sucht Halt in seiner Umarmung, die sie doch so gar nicht erwartet und noch weit weniger verdient hat. Das Eis hält, welch eine wunderbare Erfahrung. Die Kälte weicht aus ihrem Winterherzen, Frühling zieht ein. Ihr ist, als könnte sie nach langer Zeit des Atemanhaltens endlich wieder tief Luft holen. Erleichterung ist ein viel zu dünnes Wort, um auszudrücken, wie ihr zumute ist. Tonnenweise Last scheint von ihren Schultern zu fallen, dabei haben sie noch kein Wort gewechselt. Nur ihre Herzen sprechen miteinander. Und nun versteht sie auch, was das für ein Kampf ist, den sie gerade noch in seinen Augen sah: Der uralte Kampf zwischen Herz und Verstand. Eigentlich sollte er wütend auf sie sein und hätte auch alles Recht dazu - und doch scheint etwas anderes mehr Gewicht zu haben: die Liebe. Seine Liebe zu ihr. Sie ist größer als ihr Vergehen, größer als ihre Schuld, größer als sein Bedürfnis nach Vergeltung oder Gerechtigkeit.

Doch die Liebe allein reicht nicht aus. Das entscheidende Element ist seine Bereitschaft, ja, seine bewusste Entscheidung, ihr zu vergeben, ihr eine zweite Chance zu geben. Sein Entschluss, die von ihr zugefügten Verletzungen in den Hintergrund zu rücken und Gnade vor Recht ergehen zu lassen. Alles, was die beiden die letzten Wochen durchgemacht haben, gipfelt in diesem einen Moment, löst sich in verzweifeltem Aneinanderfesthalten auf.

Beide wissen, es wird noch einige Zeit dauern und unzählige Gespräche fordern, bis diese Geschichte soweit geklärt sein wird, dass sie ihnen nicht weiterhin die Zukunft verbaut. Aber sie spüren auch beide: Sie haben noch eine gemeinsame Zukunft. Das war vor ein paar Minuten absolut nicht sicher. Das Eis hätte genauso gut auch brechen können. Auch wissen sie, der Schmerz wird als treuer Begleiter bleiben, zumindest eine Zeit lang. Vielleicht wird er verblassen, aber er wird sich als warnender Wächter im Hintergrund verstecken, jederzeit bereit, aus seinem Versteck hervor zu preschen und ihnen einen gehörigen Schrecken einzujagen. Aber all das ist jetzt nicht wichtig. Was ausschließlich zählt in diesem Moment ihrer Umarmung, in dem noch ohne Worte gesprochen wird, ist der Sieg des Herzens über den Verstand, der Sieg der Vergebung über die Vergeltung, der Sieg der Versöhnung über die Abrechnung.

Was zählt, ist die erneute Erfahrung, dass auch auf die dunkelste Nacht ein neuer Tag folgt und auch auf den längsten und härtesten Winter ein neuer Frühling, der Hoffnung und Zuversicht zu schenken vermag.

Winterweh in W-pur

Wundes Wrack, winzige Würde,
wirres Wissen, welker Wert.
Wütende Wehklage
wegen wahnsinnigem Warten,
Warten, Waaaaaarten.

Wochenlang wieder weinen
wegen widerlicher Wunde.
Wie wegnehmen? Wie weigern?
Wie wehren? Welche Waffe?

Wütende Worte wagemutig wählen!
Wann wieder wollig wohlige Wärme?
Wann Wiederherstellung?
Wann wieder Wohlergehen?
Woher? Wohin? Welcher Weg? Wie weiter?
Wo Wegweiser?

Wie viel wissen wir?
Was wollen wir?
Weisheit weit, weit weg!
Wächter wohl Winterschlaf, wetten?!
Wann wieder wach? Wie wecken?
Wann wieder wohlgesonnen weichherzig wahrnehmbar?

Wunder Weisheit wünschenswert!
Wenigstens winzige Würdigung!
Wozu? Warum? Wieso?

Wirklichkeit wahrnehmen wagen:
Während widerlich winterlicher Wüstenweite
wahrscheinlich winziges wundersames
wirkungsvolles weises Wachsen.
Wohl wahr!

Spuren im Schnee

Der erste Blick aus dem Fenster verrät, dass es über Nacht geschneit hat. Etwa zehn Zentimeter dick liegt die weiße Schicht über der braunen, ausgetrockneten Erde, bedeckt Bäume, Sträucher, Häuser. Schon als Kind habe ich sie geliebt, die unberührte Schneelandschaft.

Voller Vorfreude mache ich mich zum morgendlichen Spaziergang mit dem Hund auf, warm eingepackt stapfe ich mit meinen Thermostiefeln durch unseren Garten los und bin wenige Minuten später mitten in den Weinbergen und Feldern, die unser kleines Dörfchen umgeben. Weit und breit ist kein Mensch zu sehen, die Welt scheint mir ganz allein zu gehören. Die Feldwege sind nicht gestreut und es macht mir großen Spaß, als „Erste" hier meine Spuren in den Schnee zu setzen.

Als ich fast am Ende des Rundwegs wieder an die Gabelung komme, wo ich nach Hause abbiege, erkenne ich meine eigenen Spuren anhand des Stiefelprofils wieder, inzwischen sind zwei weitere Menschenspuren hinzugekommen. Spaßeshalber setze ich meine Füße nun Schritt für Schritt in meine Abdrücke in entgegengesetzter Richtung und staune nicht schlecht, als ich feststelle, dass mir die Abstände zu groß sind.

Wahrscheinlich bin ich am Anfang schneller, hastiger gelaufen, um mich der Kälte entgegen zu stemmen und habe dabei größere Schritte gemacht. Jetzt, auf dem Heimweg, wo es mir durch und durch warm geworden ist, laufe ich gemütlicher, sind meine Schritte nicht mehr so ausladend. Interessant, denke ich, und will mir das Bild merken: Ich muss nicht in meiner alten Spur bleiben, mein Leben verändert sich immer wieder und ich muss mich nicht stur dem anpassen, was vielleicht vor ein paar Jahren noch zu mir gepasst hat. Ich will offen bleiben für Neues und meine Schritte so setzen, wie es heute zu mir passt.

Frühlingszeit

Zeit des Neuanfangs und Durchstartens,
Zeit des Aufatmens und Beginnens,
Zeit der Heilung und Gesundung,
Zeit der Hoffnung und Zuversicht.

Seelen-Frühling:
Zeit der offenen Türen und des Tatendrangs,
Zeit der Versöhnung und Vergebung,
Zeit der Kreativität und des Ideensammelns,
Zeit der Ausdauer und des Fleißes.

Zeit des ersten Schritts
und des Entgegenkommens,
Zeit des Entdeckens und Ausprobierens,
Zeit der Zielsetzung und Neuausrichtung,
Zeit des Staunens und Aufgeschlossenseins.

Frühling in der Seele:
Zeit des Jungfühlens und des Heißhungers,
Zeit der Aufgewecktheit und Leidenschaft,
Zeit des Erfindens und der Erneuerung,
Zeit der Beflügelung und Begeisterung.

Zeit des Optimismus und Weitblicks,
Zeit der Neuorientierung und Horizonterweiterung,
Zeit des Planens und Schaffens,
Zeit der Klärung und des Lösungfindens,
Zeit der Chancen und Entscheidungen.

Frühlings-Faszination

Mein Gott,
du hast dein Versprechen wirklich gehalten.
Nach der langen Winterzeit
ist endlich Frühling eingekehrt in meine Seele,
ich fühle mich wie neugeboren,
bin aufgewacht nach einem langen tiefen
und doch so ruhelosen Schlaf.

Mitten in meinem dunklen Seelen-Winter,
wo ich kein Licht gesehen habe, hast du, mein Gott,
nach und nach die Sterne angezündet
und mich im sanften Morgengrauen umarmt.

Dankbarkeit und Erleichterung fluten mein Herz.
Aufatmen, Luftholen, Flügel ausbreiten.
Meine Ungeduld kann ich kaum zügeln,
will mich voll neuer Ideen und Tatendrang ins Leben stürzen.
Aufbruch, Anfang, Neubeginn.

Wie das Schneeglöckchen
will ich das Eis durchbrechen,
das mich so lange lahm gelegt hat,
spüre eine Kraft in mir, die nach außen drängt,
will das Leben lustvoll umarmen und willkommen heißen.

Ja, ich bin wieder da!
Gereifter, ermutigter, erkenntnisreicher,
weiser als zuvor.
Ach, Welt, du hast mich wieder!

Frühlings-Flair in F-pur

Faszination!
Frühling: fabelhafte fon forne Fase!
Fiele fein verteilte freundliche Facetten:
Fogelvieh flötet fonstark fröhliche Fanfaren.
Fauna, Flora feiern farbenfroh
fänomenale Feränderung.
Freiheit fieberfrei fühlbar
für fantasiefähige fysische Figuren.
Friede, Freude, Feierkuchen!

Fröstelnde Finsternis fergessen,
fürchterlichen Frust ferbannt,
folternde Furcht flieht fort,
fiese Fesselung forbei.
Flaute! Feierabend! Finito!
Fäterchen Frost Ferien ferabreicht!

Fünfundfünfzig fache Freudenfülle – fantastisch!
Faible für fröhliches Folklore-Festival,
frohe Flamenco-Flirt-Fete!
Fidel federnder Freuden-Flickflack, föllig faltenfrei!
(Fielleicht fliegen, falls Fallschirm forhanden.)

Fazit:
Ferdanken fäterlichem Friedensfürst
feierliches Frühjahrs-Feeling.
Fürsorglich frommer Fachmann
fermag Freunde fehlerfrei feinfühlig führen.
Futur fortan freilich festlich fersprochen.
Famos!

Es ist wahr

Die Welt dreht sich noch
und auch mein Leben geht weiter.
Wo ich keine Hoffnung
und keine Zukunft mehr wähnte,
spüre ich nun ein neues, zartes Pflänzchen
in mir wachsen,
kraftvoll und lebenshungrig.

Vielleicht muss ich nun, anders als ursprünglich geplant,
eine neue Lebensrichtung einschlagen,
ein neues Kapitel in meinem Lebensbuch aufschlagen,
aber ich darf weitere Schritte gehen
und meine Geschichte fortschreiben.

Der Stillstand, das Schweigen hat ein Ende,
in mir drängt es nach vorne,
ich will singen und das Leben umarmen,
will dankbar sein
für einen neu geschenkten Anfang.

Ich danke dir, mein Gott, dass ich weiterleben darf,
dass du mir neue Kraft zuwachsen lässt,
dass du einen weiteren Weg für mich hast.
Ich danke dir, dass du stets bei mir warst,
auch, wenn ich das Gefühl hatte,
du hast mich verlassen und vergessen.

Aber nun weiß ich: Du hast mich getragen
durch all die dunkle Zeit und all das Schwere hindurch.
Alles Vertrauen auf dich hat sich gelohnt,
wieder einmal darf ich erleben:
Du bist da, lässt mich nicht im Stich
und liebst mich durch und durch.

Was für ein unfassbarer Gedanke,
was für ein kostbares Geschenk!

Was für ein kostbares Geschenk

Weitere Bücher von Doro Zachmann

Doro Zachmann • Schön, dass es dich gibt
52 Freundschafts-Botschaften Sind Ihnen Ihre Freunde wichtig? Dann sagen Sie es ihnen doch einmal in einer besonderen Form. Die kleinen Botschaften möchten Ihre Freundschaft zu Menschen vertiefen.
Bildband, 128 Seiten, 12 x 17 cm, durchg. bebildert.
RKW 5141 • ISBN: 978-3-86338-141-7

Doro Zachmann • Ich bin da, dir ganz nah
Gottes liebevolles Reden hat uns so viel Ermutigendes zu sagen. Seine Zusagen gelten in jeder Lebenssituation. Einfühlsam öffnen Sie das Herz für die himmlische Sicht auf zentrale Lebensthemen wie Vergebung, Trost, Führung, Hoffnung oder Segen.
Bildband, 96 Seiten, 14 x 21 cm, durchg. bebildert.
RKW 5112 • ISBN: 978-3-86338-112-7

**Doro Zachmann
Rosengrüße zum Geburtstag**
Gute Wünsche sind wie blühende Rosen mit ihrem zarten Duft. Sie erfreuen Herz und Sinne. Verschenken Sie einen wertvollen Strauß mit freundlichen Worten, die ausdrücken: Du bist einmalig und kostbar. Ein wunderbarer Geschenkband.
Bildband, 48 Seiten, 29 x 21 cm, durchg. bebildert.
RKW 5109 • ISBN: 978-3-86338-109-7

Doro Zachmann • Weil du mir am Herzen liegst
Verschenken Sie ein Herz voll wohltuender Gedanken und gefühlvoller Bilder. Drücken Sie mit diesem Bildband aus, was Sie schon immer einmal sagen wollten: Wertschätzung, Zuneigung und innere Verbundenheit.
Bildband, 48 Seiten, 17 x 17 cm, durchgehend bebildert.
RKW 607 • ISBN 978-3-88087-607-1

Doro Zachmann • Geliebt und gehalten
Sie dürfen halten, lieben, staunen. Ein Wunder des Lebens liegt in Ihren Händen. Emotionale Bilder von Marianne Borst unterstreichen den Jubel über das neue Leben.
Bildband, 48 Seiten, 17 x 17 cm, durchgehend bebildert.
RKW 574 • ISBN 978-3-88087-574-6

Doro Zachmann • Heute: Mein Tag
Der volle Terminkalender hält Sie in Atem? Wie wäre es mal mit einem Tag nur für Sie? - Nur - wie soll das gehen? Kreative Tipps für die Planung und Gestaltung eines besonderen Tages und ein Mutmacher zum „kleinen Urlaub für die Seele".
Bildband, 48 Seiten, 17 x 17 cm, durchgehend bebildert.
RKW 5123 • ISBN 978-3-86338-123-3

Doro Zachmann • Mein Geburtstagsgruß
„Ich gratuliere dir von Herzen, dass es dich gibt und gratuliere mir, dich kennen zu dürfen." - Wenn Sie jemandem das sagen möchten, dann ist dieser Bildband das perfekte Geschenk. Liebevolle Worte voller Lebensfreude und Verbundenheit.
Bildband, 48 Seiten, 17 x 17 cm, durchgehend bebildert.
RKW 5124 • ISBN 978-3-86338-124-0

Doro Zachmann

ist 1967 in Aalen geboren und dort aufgewachsen. Die Diplom-Sozialpädagogin versteht sich als Familienfrau und engagiert sich darüber hinaus als Referentin und Autorin. Sie schreibt autobiografische Bücher und konzipiert farbenfrohe, inspirierende Kalender und Bildbände.

Gemeinsam mit ihrem Mann, dem Psychotherapeuten Wolfgang Zachmann, hat sie vier erwachsene Kinder. Auch einige Haustiere leben unter ihrem Dach in Pfinztal bei Karlsruhe.

Ihr geistliches Zuhause sieht die beliebte Autorin seit vielen Jahren in der Freien evangelischen Gemeinde Karlsruhe, wo sie sich gerne auf vielfältige Weise einbringt.

Sie ist Mitbegründerin und Mitarbeiterin des Autoren-Laden-Event-Cafés „Sellawie" in Forst, das ihr ebenfalls sehr am Herzen liegt. In ihrer Freizeit liest sie gerne, spielt Theater, singt, tanzt oder fotografiert – am liebsten in der freien Natur.

Erleben Sie „Die Jahreszeiten der Seele" live:
In ihrem abwechslungsreichen Programm-Mix aus eigenen Fotografien, Gesang, Comedy-Dialogen, poetischen Texten & Wortspielereien spiegeln sich die unterschiedlichsten Jahreszeiten-Gesichter der Seele wider.

Ein Erlebnis der besonderen Art, in dem Langeweile keine Chance hat: Humorvoll, nachdenklich, ermutigend, berührend, spritzig, wohltuend, tiefsinnig, ergreifend – wie das Leben selbst. Weitere Informationen unter www.doro-zachmann.de.